AF258373

# PROCÈS

CONTRE LE

## DUC D'AUMALE

ET LA

## BARONNE DE FEUCHÈRES

PARIS

IMPRIMERIE L. TINTERLIN ET C°

Rue Neuve-des-Bons-Enfants, 3.

# PROCÈS



# DUC D'AUMALE

ET LA

## BARONNE DE FEUCHÈRES

PARIS

E. DENTU, LIBRAIRE-ÉDITEUR

PALAIS-ROYAL, 13 ET 17, GALERIE D'ORLÉANS

—

1861

# PROCÈS

# CONTRE LE DUC D'AUMALE

ET LA

## BARONNE DE FEUCHÈRES

Il est quelquefois imprudent de ramener sur soi l'attention publique. Jusqu'ici, les partisans de la famille d'Orléans n'avaient guère mis en avant que le nom de S. A. R. Mgr le prince de Joinville, qui n'avait point laissé de mauvais souvenirs ; car on en parle encore dans la marine comme d'un joyeux camarade. Pourtant, c'était se faire une étrange illusion que de croire à sa popularité, parce que son nom avait été prononcé lors du retour des cendres de Napoléon. Penser qu'il suffit, pour pouvoir remplacer un grand homme, d'avoir accompagné son cercueil, est à peu près aussi logique et aussi sensé que si César, le cocher du premier Empereur, se fût cru capable de conduire le char de l'État, parce qu'il dirigeait habilement le carrosse du maître.

Aujourd'hui, c'est le nom de S. A. R. Mgr le duc d'Aumale, qu'essaie de produire cette faction politique, religieuse et académique qui rêve le retour du régime oligarchique d'avant 1848.

Le choix n'est pas heureux. Car on n'a pas plutôt ouï parler de la brochure du duc d'Aumale, qu'on s'est rappelé, dans la foule comme dans les salons, le honteux procès qui fut, presque au lendemain de juillet 1830, intenté contre M. le duc d'Aumale et M^me la baronne de Feuchères.

Si certains retours vers le passé sont désagréables à la famille d'Orléans et à ceux qui suivent sa bannière, ils ne pourront s'en prendre qu'à eux-mêmes, à leur légèreté coupable, à l'exagération de leur vanité.

C'était au mois d'août 1830. Le duc d'Orléans, qui s'était glissé à la tête des vainqueurs de juillet comme lieutenant-général du royaume, venait de prêter serment, en qualité de Roi des Français, à la Charte de 1814 corrigée par deux cents vingt et un députés sans mandat.

Ainsi s'établissait une monarchie doublement félonne et usurpatrice et envers la légitimité royale et envers la souveraineté populaire, et qui fut maudite par les nations abandonnées, comme par les masses françaises sacrifiées.

Mais, pour que rien ne manquât à l'anathème et que cette fausse royauté fut stérilisée au milieu de son triomphe, il s'y ajouta la malédiction d'un crime privé.

Le 27 août, au matin, on apprit à Paris la mort subite de S. A. R. Mgr le prince de Condé. Il fut déclaré officiellement qu'il s'était suicidé. Mais le public crut à un assassinat. L'axiôme de droit : *is fecit cui prodest*, le coupable est celui qui profite, fut aussitôt appliqué. Le testament laissait tous les biens du prince à l'avant-dernier fils de Louis-Philippe, le jeune duc d'Aumale, et plusieurs millions à M^me de Feuchères, maîtresse du défunt. L'autorité fit peu ou rien pour découvrir les criminels. Et cela aggrava d'autant les soupçons.

Le public disait : C'est madame de Feuchères qui a tué ou fait tuer le malheureux prince de Condé, et Louis-Philippe a dû être de connivence avec elle, puisqu'il la couvre de sa haute protection contre les poursuites de la justice, et qu'en dépit des clameurs, de l'indignation générale, il recueille l'héritage.

Voici les faits. Nous essaierons de raconter le plus froidement possible cette lamentable histoire :

Louis-Henri-Joseph, duc de Bourbon, prince de Condé, fils du prince de Condé qui, dès les premières heures de la Révolution, fut le chef des émigrés de Coblentz, père du duc d'Enghien qui, dans les derniers jours du Consulat, fut fusillé à Vincennes, était rentré en France à la Restauration et s'était fixé dans ses terre et château de Saint-Leu.

Il avait ramené de son exil une jeune personne, Miss Sophie Dawes. En 1818, il la dota et maria à un officier, M. le baron de Feuchères. Mais quand le baron s'aperçut qu'il avait été trompé, qu'il n'avait été pris comme mari qu'à l'effet de couvrir leurs relations, il quitta sa femme et le service du prince. La lettre par laquelle il avait envoyé sa démission se terminait par ces mots si durs : Qu'il sortait d'une maison où, pour l'honneur de tous, il n'aurait jamais dû entrer. Le prince crut néanmoins devoir lui écrire : Mon cher Feuchères, venez, je vous en supplie, causer un instant avec moi ; cela ne vous engage à rien. Le baron demeura inflexible. Le commerce du prince et de la baronne restait à découvert. Elle se retira au couvent ; mais elle ne tarda pas à revenir sur les instances de son amant.

Alors commencèrent ces dons royaux dont le prince combla sa favorite. Elle avait reçu de lui en dot 140,000 francs. Une disposition testamentaire, en avril 1824, lui attribua les domaines de Saint-Leu et de Boissy. En 1825, elle se fit donner diverses sommes dont le chiffre s'éleva à un million. Puis aux revenus de Saint-Leu et de Boissy dont elle s'était fait abandonner la jouissance anticipée, elle fit ajouter le revenu de la forêt d'Enghien. M^me de Feuchères avait ainsi jeté les bases de sa fortune ; mais l'avenir était incertain. La santé du prince était affaiblie. Les héritiers naturels pouvaient aisément l'incriminer pour captation de testament ; ce qui lui fit chercher quelque puissante protection qui là pût mettre au-dessus des lois.

Or, précisément S. A. R. Mgr le duc d'Orléans convoitait la succession du duc de Bourbon ; mais il y avait à cela de grandes difficultés. Il semblait impossible que le prince qui s'était montré si ardemment fidèle au pur droit monarchique, qui avait signé *le Mémoire des princes* contre la Révolution pour « le maintien des droits féodaux » et avait été le premier émigré, prît son héritier parmi les fils de celui qui avait été membre du club des Jacobins et avait applaudi publiquement à la condamnation de Louis XVI. Jusqu'alors le duc de Bourbon, en dépit d'insinuations intéressées, avait constamment repoussé comme s'il eût craint d'attirer sur soi la malédiction, la pensée que le nom et la fortune du chef de l'armée de Condé pût passer dans la maison du régicide d'Orléans.

Des journaux officieux avaient lancé comme un ballon d'essai la nouvelle que le duc de Bourbon avait le dessein d'instituer pour héritier le duc de Nemours, second fils du duc d'Orléans. Aussitôt le duc d'Orléans de faire démentir ces bruits, tout en reconnaissant ce qu'un tel projet avait de flatteur pour sa famille, ce qui fut regardé comme une princière mendicité d'héritage. En 1822, le duc de Bourbon avait consenti à être le parrain du duc d'Aumale ; mais ce n'avait été que par convenance ; car il avait pour cette maison une froideur que tempérait à peine la politesse. Il n'était assurément pas inutile qu'une personne ayant influence sur l'esprit et sur le cœur du duc de Bourbon s'en mêlât.

On ignore qui, du duc d'Orléans ou de la baronne de Feu-

chères, fit la première ouverture ; mais ce qu'on sait, c'est que, dès 1827, M<sup>me</sup> la duchesse d'Orléans écrivait à M<sup>me</sup> de Feuchères :

« Je suis bien sensible, Madame, à ce que vous me dites de votre sollicitude d'amener ce résultat que vous envisagez comme devant remplir les vœux de M. le duc de Bourbon ; et croyez que si j'ai le bonheur que mon fils devienne son fils adoptif vous trouverez en nous, dans tous les temps et dans toutes les circonstances, pour vous et pour tous les vôtres, cet appui que vous voulez bien me demander et dont la reconnaissance d'une mère vous est un sûr garant »

Il est vrai qu'elle disait dans la même lettre : « Nous avons cru devoir nous abstenir de toute démarche qui pourrait avoir l'apparence de provoquer un choix ou de vouloir le prévenir. » Mais c'était pure phraséologie, si même ce n'était une invitation à la baronne de tout faire à elle seule.

M<sup>me</sup> de Feuchères manœuvra en conséquence, et un beau jour, essayant de se couvrir d'une autorité auguste, elle écrivit au duc de Bourbon : « Le Roi et la famille royale désirent que vous fassiez choix d'un prince de votre famille pour hériter un jour de votre nom et de votre fortune. On croit que c'est moi seule qui mets obstacle à ce vœu... Je vous supplie de faire cesser cette cruelle position en adoptant un héritier. » Elle indiquait le duc d'Aumale et elle ajoutait : « Vous assurez par là, *my dearest friend*, la bienveillance de la famille royale et un avenir moins malheureux à votre pauvre Sophie. »

Le duc d'Orléans apprenant, le 2 mai 1829, par M<sup>me</sup> de Feuchères, la démarche pressante qu'elle avait faite auprès du duc de Bourbon, pour qu'il adoptât son fils le duc d'Aumale, crut devoir, le même jour, écrire au Prince pour lui dire combien il serait fier de voir perpétuer par un de ses enfants le grand nom des Condés.

La baronne écrivit au Prince : « Ce n'est qu'en tremblant que je vous envoie la lettre de Mgr le duc d'Orléans, quoiqu'au fond vous ne puissiez pas m'en vouloir. » — Grande irritation du duc de Bourbon. — Nouvelle lettre de la baronne : « Vous m'avez reproché d'une manière si dure la démarche que j'ai faite auprès de Mgr le duc d'Orléans, que je crois à présent de mon devoir de vous dire que Mgr le duc d'Orléans doit venir chez moi ce matin, pour vous voir avant son départ pour l'Angleterre. Je vous prie, ne me refusez pas de venir déjeuner avec moi, comme à l'ordinaire. Cette visite vous sera bien moins embarrassante de cette manière, et cela vous évitera une réponse par écrit et de rien dire de positif; et si vous ne venez pas, cela fera un bien mauvais effet. »

L'entrevue eut lieu. Il ne fut rien dit de positif. Toutefois M. le duc d'Orléans pensa convenable de faire préparer, en faveur du duc d'Aumale, un projet de testament. Voici, en effet, la lettre de M. Dupin, qui était un de ses hommes d'affaires :

« Monseigneur,

« Voici le projet que Votre Altesse Royale m'avait chargé, avant son départ pour Londres, de préparer et de rédiger.

« Pour observer fidèlement le secret que Votre Altesse Royale n'avait imposé, je vous envoie ma seconde minute, écrite de ma main, n'ayant pas voulu la confier à une main étrangère.

« Le même motif de discrétion absolue m'a empêché d'en conférer avec d'autres jurisconsultes que j'aurais aimé à consulter, mais que Votre Altesse Royale sera toujours à même d'interroger quand il lui plaira, si elle le juge convenable.

« Réduit à mes seules forces, j'ai fait de mon mieux; j'ai cherché à assurer pleinement les nobles volontés de S. A. R. M. le duc de Bourbon, et, pour qu'elles ne fussent en aucun cas illusoires ni susceptibles d'être attaquées par des tiers toujours disposés à faire procès en pareil cas, j'ai joint à la disposition relative à l'adoption, celle d'une institution formelle d'hériter que *j'ai jugée indispensable* à la solidité de l'acte entier.

« J'ai l'honneur, etc.

« DUPIN aîné. »

M^me de Feuchères se montra tellement pressante, que le duc de Bourbon en conçut des craintes. Vainement il témoignait de sa répugnance à un tel acte, toujours elle revenait à la charge. Aussi se laissa-t-il aller à dire : « Ma mort est la seule chose qu'on ait en vue. » A un autre moment encore il disait à M. de Surval : « Une fois qu'ils auront obtenu ce qu'ils désirent, ma vie peut courir des risques. » Le 20 août, il ajoutait : « Eh bien ! je vois bien qu'il faut en finir ; j'ai cependant une corde à mon arc dont je veux essayer, c'est d'avoir recours à S. A. R. le duc d'Orléans lui-même, et de le prier d'engager M^me la baronne de Feuchères à me laisser tranquille à ce sujet. Faites-moi un projet de lettre dans ce sens, et nous verrons si ce moyen réussira. »

La lettre suivante fut envoyée au duc d'Orléans :

« Cette affaire entamée à mon insu et un peu légèrement par M^me de Feuchères, et dont elle s'est chargée de presser la conclusion auprès de moi, m'est infiniment pénible. Outre les souvenirs déchirants qu'elle me retrace et auxquels je ne puis encore habituer mes tristes idées (la mort de son fils le duc d'Enghien), je vous avoue que d'autres motifs ne me permettent pas de m'en occuper en ce moment. Je viens aujourd'hui en appeler à votre générosité, à votre amitié pour moi, pour que je ne sois pas tourmenté et harcelé comme je le suis depuis quelque temps pour terminer une affaire qui se rattache à d'autres arrangements, et que je ne veux d'ailleurs conclure qu'avec toute la maturité possible. Je compte donc sur votre amitié pour moi, je le répète, pour obtenir de M^me de Feuchères qu'elle me laisse tranquille sur ce point. »

M. le duc d'Orléans se rendit sur-le-champ chez M<sup>me</sup> de Feuchères et, devant un témoin *ad hoc*, il la pria de discontinuer
ses démarches. Mais elle ne voulut rien promettre. Le duc d'Orléans se donna aisément une apparence de générosité et ses intérêts n'y perdirent rien. Les deux complices s'étaient compris.

Les instances de la baronne n'en furent que plus pressantes,
et les scènes devinrent plus violentes et plus terribles.

Un témoin, M. Holstein, a plus tard affirmé que le duc de
Bourbon lui avait dit : « Avez-vous vu quelquefois une mouche
effleurer une toile d'araignée. Pour peu que sa patte la touche
elle y reste, et l'animal vorace lui jette un fil qui l'enlace et la
met à sa disposition. Eh bien ! me voilà ! »

« Si je ne consens pas, elle menace de partir, disait le duc.
— Laissez-la partir. — Je ne le puis, répliquait le vieillard les
larmes aux yeux. »

Le 29 août 1829, dans la soirée, le duc de Bourbon, qui se
trouvait à Paris, eut une altercation des plus fortes avec la baronne. M. de Surval, appelé de la salle de billard au salon, accourut. Le duc était exaspéré. « Mais voyez donc dans quel
état se met sans raison Monseigneur, dit M<sup>me</sup> de Feuchères : tâ-
chez de l'apaiser. — Oui, Madame, interrompit le duc, c'est une
chose épouvantable, atroce, que de me mettre ainsi le couteau
sur la gorge pour me faire faire un acte pour lequel vous me
connaissez tant de répugnance. » Et, saisissant la main de la baronne, il ajouta : « Eh bien ! enfoncez-le donc tout de suite ce
couteau. »

Le lendemain, 30 août 1829, le duc de Bourbon écrivait tout
entier de sa main et confiait au notaire Robin, sous le titre de
dépôt important, un testament par lequel il instituait le duc
d'Aumale son légataire universel, et faisait à la baronne, soit en
terres, soit en argent, un legs d'environ 10 millions de francs.

Il est permis de penser que deux circonstances, outre la raison très-péremptoire des soixante-treize ans du duc, ont contribué à accélérer la conclusion de cette affaire. Le 8 août, le ministère Polignac avait été formé. On entrait visiblement dans une série d'aventures dont il était impossible de prévoir les suites. Le duc d'Orléans dut croire prudent de profiter du temps et de se précautionner. Dans une lettre autographe à un souverain, il appréciait ainsi, plus tard, ce grave événement politique : « Depuis le 8 août 1829, la nouvelle composition du nouveau ministère m'avait fort alarmé. Je voyais à quel point cette composition était odieuse et suspecte à la nation, et je partageais l'inquiétude générale sur les mesures que nous devions en attendre. » — D'autre part, le jeune filleul du Prince tomba malade. Qu'il mourût, et tout devenait plus difficile encore. Il se rétablit, mais la crainte subsista. Le duc d'Orléans écrivait de Randan, à M<sup>me</sup> de Feuchères, le 27 octobre 1829 : « Notre petit d'Aumale a été un peu souffrant... La fièvre l'a quitté depuis deux jours... A son retour, il sera sûrement en état d'aller voir son bon parrain, quand il voudra bien le lui permettre. » Et en *post-scriptum :* « Madame la duchesse d'Orléans et ma sœur me chargent de tous leurs compliments pour vous, et nous vous prions tous de présenter les nôtres à M. le duc de Bourbon. »

Il fut inséré au testament cette clause de prévoyance : « A défaut du duc d'Aumale, je constitue pour mon légataire universel le plus jeune des enfants mâles de mon neveu Louis-Philippe d'Orléans. » Ainsi, la fortune des Condés ne pouvait pas échapper à la famille d'Orléans. Et M<sup>me</sup> de Feuchères avait gagné la protection tant désirée.

Les remerciements ne se firent pas attendre. Le duc d'Orléans écrivit à la baronne : « Aussitôt que nous aurons été aux Tuileries, nous serons bien empressés d'aller à Chantilly témoigner notre reconnaissance à M. le duc de Bourbon, et vous assurer, Madame, de tout le prix que nous mettons à la part que vous avez prise à former sa détermination. »

La sœur du duc d'Orléans, Madame Adélaïde, lui adressa également une lettre où elle disait : « Je tenais beaucoup, Madame, à ce que vous sussiez combien j'apprécie le grand service que vous avez si fort contribué à rendre à toute notre famille. » (25 septembre 1829.)

Et peu après, M. de Bloval, au nom du duc d'Orléans, lui écrivait : « Vous êtes l'ange gardien de votre auguste ami ; ne permettez pas que, pour recevoir LL. AA. RR., il s'impose la moindre incommodité, vu son état de souffrance. Elles vous le demandent, Madame, bien instamment, et vous acquerrez par là encore un droit de plus sur elles. » (15 novembre 1829.)

Le duc de Bourbon, maintenant qu'il avait fait ses dispositions dernières, n'était pas sans inquiétude. On peut même ajouter qu'il n'était pas à l'abri de tout danger. Un garde avait un jour entendu M. James de Flassans, neveu de la baronne, lui demander si le testament était fait, et la baronne répondre : « Il en a été question, ce ne sera pas long. — Oh ! fit l'autre, il vivra longtemps. — Bah ! répliqua-t-elle, il ne tient guères ; aussitôt que je le pousse avec mon doigt, il ne tient pas, il sera bientôt étouffé. » Le Prince ignorait ce propos ; mais il se rappelait le mot de M. de Feuchères, lors de son audience de congé : « Que Votre Altesse prenne bien garde, elle est capable de tout. » Et depuis qu'elle avait obtenu le testament, la baronne était devenue encore plus impérieuse et plus violente.

Parfois elle craignait qu'il ne défît ce testament ; aussi cherchait-elle comment elle pourrait faire convertir ses legs en donation irrévocable. Et afin de ne pas être entravée dans ses projets, elle avait successivement écarté de la personne du prince tous ceux qui n'étaient point dans ses intérêts ; c'est ainsi qu'elle avait brouillé le duc avec sa fille, M<sup>me</sup> de Reuilly.

Survinrent les journées de Juillet. Le vieux duc fut dans de grandes terreurs, et sa douleur fut extrême quand il apprit la chute et l'exil de Charles X : Ah ! c'est trop de voir deux révolutions, s'écriait-il ; j'ai assez vécu. Il sanglotait. Il rêvait de l'incendie des châteaux comme après 89, et il méditait de fuir. Il avait chargé son intendant, M. le baron de Surval, de lui avoir un million en billets de banque.

Le caractère de la nouvelle Révolution, si différent de la première, ne tarda pas à le rassurer ; mais il n'en était pas moins décidé à partir ; car il mettait son honneur à ce qu'un Condé suivît son roi malheureux, et il détestait l'usurpation déloyale de Louis-Philippe d'Orléans.

M^me de Feuchères, de qui l'on se cachait, qui se doutait de ce départ et le craignait, songeait à l'empêcher. Le 11 août, dans la matinée, le duc fut trouvé l'œil en sang. Il dit à son valet de confiance, Manoury : Je me suis heurté à la table de nuit. Mais celui-ci ayant pris la liberté de répondre que la table avait moins de hauteur que le lit, le duc se tut d'abord, puis il ajouta : Je ne suis pas bon menteur. Peu d'heures après, il disait à son filleul, M. Obry de Chantilly, qui remarquait son œil ensanglanté : « M^me de Feuchères est une méchante femme ; elle m'a frappé. Voyez dans quel état elle m'a mis. »

Le duc, à la suite de sa blessure du 11 août, demandait à Manoury de coucher à la porte de sa chambre ; mais, comme celui-ci fit observer que cela pourrait sembler singulier et qu'il serait mieux que ce fût Lecomte, le valet de chambre de service : «Oh ! non, s'écrie le duc ; il vaut mieux laisser cela.» Lecomte avait été introduit au château par M^me de Feuchères. Presque tous les domestiques étaient de ses créatures.

Quelques jours après, M^me la duchesse d'Orléans, nouvellement reine des Français, vint voir M. le duc de Bourbon ; et il dit le soir, à une heure assez avancée, à M. de Choulot, venu mystérieusement au château où il était attendu : « Mon parti est pris ; la reine m'a aujourd'hui même apporté la plaque de la Légion d'honneur. On veut que je figure à la Chambre des Pairs ; c'est impossible. » Le départ fut définitivement convenu. M. de Choulot devait s'occuper des détails. Il s'agissait de gagner la Suisse.

Le 25 août, jour de la Saint-Louis, les habitants de Saint-Leu fêtèrent le duc, et il en fut fort ému.

Le même jour, M<sup>me</sup> de Feuchères s'était fait délivrer par le banquier Rothschild une traite d'un demi-million sur l'Angleterre. M. Louis Blanc, qui rapporte ce fait dans son *Histoire de dix ans*, met en note : « Nous avons la preuve écrite de ce fait important et tellement ignoré jusqu'ici, qu'on n'en trouve aucune trace dans le dossier de l'instruction dont nous avons attentivement compulsé toutes les pièces. »

Ainsi M<sup>me</sup> de Feuchères avait son projet comme le duc avait le sien. Les précautions étaient prises de part et d'autre.

On a dit que Louis-Philippe, redoutant le départ du duc de Bourbon, aurait écrit à M<sup>me</sup> de Feuchères de l'empêcher par tous les moyens. Il devait partir le 31 août.

Le 26 août, à huit heures et demie du matin, scène terrible entre le duc de Bourbon et la baronne. Le duc fut trouvé par Manoury dans une agitation excessive. Ordre fut de suite envoyé à M. de Choulot d'accourir à Saint-Leu. M. de Cossé-Brissac, qui vint au château, fut prié à dîner, puis à rester passer la nuit ; mais il partit. Le soir, le duc fit sa partie de whist avec M<sup>me</sup> de Feuchères, MM. de Lavillegontier et de Préjean. Il fut assez gai, perdit, et s'abstint de payer en disant : A demain.

Retiré dans sa chambre à coucher, où l'avaient suivi son chirurgien Bonnie et son valet Lecomte, il garda le silence pendant qu'on le pansa et déshabilla. « A quelle heure Monseigneur veut-il que j'entre demain matin ? » demanda Lecomte. — « A huit heures, » répondit tranquillement le prince.

Le lendemain, à huit heures, quand Lecomte vint, il trouva la porte de son maître fermée ; il frappa : on ne répondit pas. On s'inquiéta. La porte fut enfoncée : on trouva le duc de Bourbon accroché à l'espagnolette de la croisée du nord. Ce fut une grande désolation parmi ses gens. M^me de Feuchères accourut demi-vêtue : on l'arrêta sur le seuil.

La chambre était dans une obscurité complète : les volets étaient fermés. Une bougie brûlait dans l'âtre du foyer, mais voilée par un garde-feu en tôle qui en renvoyait la faible clarté au plafond. Premier étonnement.

Le corps était suspendu par deux mouchoirs passés l'un dans l'autre, mais sans nœud coulant. Le second mouchoir ne serrait pas la trachée-artère, mais soutenait plutôt la mâchoire inférieure. Entre le mouchoir et la nuque on pouvait passer les doigts. La figure était pâle, non noirâtre comme chez les pendus, et la langue ne sortait point de la bouche, comme cela arrive en pareil cas. Et, d'autre part, les pieds, par leurs extrémités, portaient sur le tapis : dans les souffrances de l'agonie, le prince n'eût eu qu'à se dresser sur ses pieds pour échapper à la mort. C'étaient là de nouveaux sujets d'étonnement.

Le lit semblait avoir été refait. Au milieu, il y avait un petit creux, comme le ferait la pression d'une main légère. Les pantoufles n'étaient point, comme d'habitude, près du fauteuil où on le déshabillait, mais soigneusement rangées à la descente du lit. Les bougies étaient en partie consumées, mais non entièrement, et éteintes.

Les garde-chasses avaient fait bonne veille dans le parc et aux alentours de la maison et n'avaient rien aperçu. Ni la nièce de M^me de Feuchères, M^me de Flassans, ni les époux Dupré au ser-

vice de la baronne, n'avaient rien entendu, bien que leurs cham-
bres fussent proches.

La porte du cabinet de toilette du duc avait été, la veille, fermée par Lecomte qui en avait gardé la clef; et le verrou de la
porte de la chambre à coucher communiquant à l'escalier dérobé
qui conduisait chez M^me de Feuchères, n'était point fermé : c'est
ce qu'affirma le chirurgien Bonnie, contrairement aux assertions de Lecomte. Et c'est pour dissimuler cette circonstance,
que M^me de Feuchères avait fait le tour et pris le grand escalier.

Arrivèrent les autorités : le maire de Saint-Leu, le juge de
paix d'Enghien, le juge d'instruction de Pontoise, pour constater
l'état du corps, le faire détacher et dresser l'état des lieux. Le
roi, prévenu à onze heures et demie, avait de suite envoyé
M. Guillaume, son secrétaire, MM. de Rumigny, Pasquier, de
Sémonville et Cauchy. Quoique héritier du sang, Louis de Rohan,
ne fut point prévenu : il n'apprit la mort que par les journaux.

Quand on descendit le corps de l'espagnolette, il fut trouvé
que le nœud était très-artistement fait et fortement serré. Or, le
prince était très-maladroit de ses mains, outre qu'il avait reçu
un coup de sabre à la main droite et avait eu la clavicule gauche
cassée, ce qui l'empêchait d'élever sa main gauche au niveau de
sa tête.

On argumentait d'une chaise sur laquelle il était censé être
monté pour se pendre. Or, le chirurgien Bonnie déclara l'avoir
trouvé trop distante pour qu'elle ait pu lui servir. Mais ne pou-
vait-elle avoir servi aux assassins?

On se fondait beaucoup sur le verrou. Mais eût-il été effec-
tivement tiré que cela ne prouverait rien, puisqu'un simple
ruban suffisait pour le ramener dans sa gâche. Quant à la clef
du cabinet de toilette retirée par Lecomte, elle n'eût pu que
faire tomber sur lui certains soupçons. Qu'il ait été de conni-

vence avec M^me de Feuchères et la mort se trouvait naturelle-
ment expliquée.

Mais c'est ce qu'on ne voulait point. Aussi, en dépit de toutes apparences et des inductions les plus rationnelles, les procès-verbaux établissaient le suicide.

Seulement, en pareil cas, la personne qui se donne la mort laisse par écrit l'expression de sa détermination, ne fût-ce que pour mettre à l'abri de tout soupçon ses proches et ses gens. Mais on ne trouva rien. « Tout ici appartient à M^me de Feuchères, » s'écria l'abbé Briant, son directeur. Elle semblait craindre qu'on ne visitât les papiers. Dans la cheminée, il y avait un tas de cendres et de papiers brûlés. Le soir seulement du 27, M. Guillaume, le secrétaire du Roi, aperçut sur ce tas de cendres, de petits morceaux de papier déchirés et qui y étaient *semés comme de la neige*. La vérité doit être là dit le procureur-général Bernard. Il fut aisé de réunir les fragments, et on lut ce qui suit :

« Saint-Leu et ses dépendances appartiennent à votre Roi Philippe. Ne pillez ni ne brûlez le château ni le village. Ne faites de mal à personne ni à mes amis ni à mes gens. On vous a égarés sur mon compte. Je n'ai qu'à mourir en souhaitant bonheur et prospérité au peuple français et à ma patrie.

« Adieu pour toujours.

« L.-H.-J. DE BOURBON,

« PRINCE DE CONDÉ.

« *P. S.* Je demande à être enterré à Vincennes, près de mon infortuné fils. »

C'était évidemment un placard destiné pour les cas du renouvellement des scènes révolutionnaires contre les nobles, et qu'il avait écrit au moment des journées de Juillet. L'autorité judiciaire voulut pourtant y apercevoir l'indication de sa volonté à se donner la mort et d'en avertir.

Mais, alors, pourquoi l'aurait-il détruit? Il y avait, déchirés ensemble, le brouillon et la copie. Pourquoi parler de Saint-Leu comme appartenant au Roi, quand son testament le léguait à M^me de Feuchères. Celle-ci ne prit point cela comme une révocation, ce qui eût dû être si c'eût été sérieusement un acte de dernière volonté. Enfin, comment se faisait-il que personne ne l'avait aperçu dans la cheminée, quoiqu'on l'eût soigneusement examinée durant le jour. Et de quelle manière expliquer que ce soit le secrétaire du Roi qui en fit la première découverte ?

Le Roi avait envoyé à Saint-Leu, pour l'autopsie, M. Marc, son médecin ordinaire, M. Pasquier et M. Marjolin. Tous conclurent au suicide. Mais d'autres médecins contestèrent leurs conclusions. Le médecin du Prince avait été écarté. C'était devenu un mot d'ordre de prouver le suicide.

M^me de Feuchères et l'abbé Briant insistaient particulièrement pour le suicide. Comme Manoury parlait d'un projet de départ du Prince, ce qui contredisait le suicide, la baronne lui dit : « Prenez garde, de pareils discours pourraient vous compromettre auprès du Roi. »

Une épreuve bien concluante fut faite. M. Méry-Lafontaine se suspendit dans une position identique à celle du Prince, et ce fut sans danger.

Il était impossible de trouver aucun motif pour lequel le duc de Bourbon se fût donné la mort à soixante-quatorze ans, et précisément au moment où il devait partir.

L'Église en jugea comme le public. Elle estima, et avec raison, qu'il ne s'était point suicidé. Le 4 septembre, le cœur du duc de Bourbon fut porté à Chantilly. L'abbé Pélier, aumônier du Prince, assistait au service funèbre. Il tenait le cœur du Prince dans une boîte de vermeil. L'impression fut immense quand il prononça cette parole suprême : « Le Prince est innocent de sa mort devant Dieu ! »

Toutes les pompes de la religion présidèrent aux funérailles. Le corps fut conduit à Saint-Denis. Le clergé épiscopal y assistait : plusieurs fils du Roi y étaient.

Ainsi l'Église et la justice se trouvaient en désaccord. L'Église et le public considéraient le prince comme assassiné, et la justice du Roi voyait en lui un suicidé. Malheureusement le Roi avait un puissant intérêt à ce que cela fût ainsi.

Tout concourait à prouver qu'il n'y avait pas eu suicide. Les assassins n'ayant pu venir du dehors, ils étaient donc de la maison. Les indices les plus graves et la voix publique désignaient M$^{me}$ de Feuchères et ses deux affidés Lecomte et Briant. Les a-t-on arrêtés et mis au secret comme on eût fait pour d'autres en pareil cas ? Ils ne furent pas même inquiétés. Et pourtant on avait entendu Lecomte dire dans la chapelle ardente : « J'en ai gros sur le corps. »

M$^{me}$ de Feuchères quitta Saint-Leu, dont la haine vengeresse des habitants l'effrayait, et vint à Paris, au Palais-Bourbon. Pendant quinze jours, elle fit coucher dans sa chambre, M$^{me}$ de Flassans, sa nièce, et son confesseur dans la chambre voisine, redoutant la solitude et voulant chasser les rêves qui l'obsédaient.

Une instruction criminelle avait été commencée. Mais on pressentait qu'elle serait sans résultat. Il y eut une ordonnance de non-lieu de la chambre du conseil du tribunal de Pontoise. Et comme MM. de Rohan, héritiers naturels, s'étaient portés partie civile, la Cour royale évoqua l'affaire et rendit un arrêt qu'il n'y avait pas de crime.

On remarqua que le juge chargé de l'instruction, M. de la Huproie, qui avait manifesté la volonté de trouver la vérité, avait été subitement *admis* à la retraite, et son gendre nommé à une place de juge désirée depuis longtemps. Le dossier passa en d'autres mains et l'affaire en resta là. Le nom du Roi n'en fut prononcé que davantage.

Nous ne voulons point dire que Louis-Philippe ait donné ordre de tuer le duc de Bourbon, il n'y participa pas plus qu'Alexandre de Russie ne participa à la mort de son père l'empereur Paul. Et c'est déjà beaucoup. Il recommanda de l'empêcher de partir, comme Alexandre avait autorisé qu'on fît abdiquer son père. Dans l'un et dans l'autre cas, les coupables, loin d'être poursuivis, furent honorés. Louis-Philippe reçut aux Tuileries la baronne de Feuchères, dans le moment même où les recherches de la justice et le cri populaire la réclamaient à la Conciergerie. En la voyant entrer avec impudence dans les salons du château, une dame des princesses a dit « qu'il lui avait semblé voir apparaître la figure du crime ». La famille royale pressa cette main que le public sentait et proclamait scélérate. Cette solidarité leur restera dans l'histoire.

Louis-Philippe eût dû d'autant plus soigneusement faire exercer les poursuites, qu'il y avait là une succession à recueillir pour son enfant. L'honneur de son nom exigeait qu'il détruisît jusqu'à l'ombre du soupçon ou qu'il renonçât à la succession. Cette renonciation eût été très-populaire.

Mais il n'y avait pas à l'attendre de celui qui, avant de monter sur le trône, avait fait passer tous ses biens sur la tête de ses enfants, à l'exclusion de l'aîné, pour éviter de les confondre jamais avec les biens de l'État, selon la loi de la monarchie. Beaucoup de gens sentirent combien on pourrait se permettre de choses pour s'enrichir durant un règne commencé sous de pareils auspices.

Les poursuites criminelles n'ayant pas eu lieu, MM. de Rohan intentèrent un procès civil à M. le duc d'Aumale et à M^me la baronne de Feuchères, en nullité de testament. M^e Hennequin plaida avec beaucoup de talent et d'éloquence pour MM. de

Rohan. M⁰ Lavaux défendait Mᵐᵉ de Feuchères ; Mᵉ Dupin jeune M. le duc d'Aumale.

Ce procès dura depuis le commencement de décembre 1831 jusqu'à la fin de février 1832.

Ce fut un procès qui passionna à un haut degré l'opinion. Les princes de Rohan firent publier un écrit qui renfermait tous les détails de l'instruction criminelle. Trente exemplaires en furent distribués aux juges. Il se trouva recherché et lu partout en France et en Europe. En vain les adversaires arguèrent-ils que c'était en dehors des règles judiciaires et subrepticement qu'ils avaient pu avoir communication d'une procédure secrète, et reprochèrent-ils aux demandeurs d'avoir par là formé l'opinion publique. Il restait toujours ceci : que les faits étaient assez graves pour influer sur l'esprit d'un chacun et qu'ils étaient pourtant restés sans effet sur la magistrature. D'où la conclusion tirée par tout le monde : Pourquoi n'a-t-on pas poursuivi, quand tant de preuves de culpabilité abondent.

Mᵉ Lavaux essaya de contester les relations de la baronne avec le prince. « Que parlez-vous de notoriété! s'écria-t-il, dans quelle circonstance a-t-elle accepté la qualité de maîtresse du duc de Bourbon ? » Et pourtant il citait ce passage d'une lettre du prince au duc d'Orléans : « De vous dépend d'éviter entre elle et moi une brouille ou au moins un froid qui ferait le malheur de mon existence. » Il ne niait pas qu'elle eût vécu quinze ou seize ans à la cour du prince, et il appelait cela une glorieuse affection.

Or, cette femme, de qui la famille était inconnue, avait paru sur les planches du théâtre de Covent-Garden, puis été la maîtresse entretenue d'un riche étranger à Turnham-Green. Exclue de la cour par Charles X, il fallut l'intercession intéressée du duc d'Orléans pour l'y faire admettre de nouveau vers le milieu de 1829. Jamais il n'y eut notoriété plus complète que l'adultère en question.

Le refus du baron de Feuchères de l'autoriser en justice, la publique répudiation d'une femme qui salissait son nom, et plus tard sa renonciation à rien recevoir qui lui eût appartenu, sont des preuves plus que suffisantes. Aussi, c'est resté un fait avéré malgré les étranges dénégations de l'avocat.

Que dire après cela des conclusions singulières de M. l'avocat du roi Didelot, qui, en rappelant que M. le baron avait quitté sa femme et le service du prince, ajoutait : « Celui-ci, désespéré d'être la cause sans doute involontaire de ce fâcheux événement voulut en diminner les résultats, et par un testament daté de 1824, il légua à madame de Feuchères ses terres de Saint-Leu et de Boissy. »

Il insistait sur ceci : « Un fait sur lequel tout le monde est d'accord, c'est que la révolution de Juillet fit sur le prince la plus vive impression et lui causa le plus grand chagrin. » Il trouvait cette circonstance suffisante pour que le duc de Bourbon se fût suicidé. Mais il n'y voyait pas de motif assez grave pour que Louis-Philippe et madame de Feuchères eussent pu craindre que le testament fait en faveur d'un fils de celui qui usurpait la place de Charles X, pût être révoqué.

Voici des considérations encore plus excentriques : « S'il y avait eu crime, qui l'aurait commis? Serait-ce madame de Feuchères? Mais elle n'y avait pas intérêt. Cependant il en aurait fallu un bien puissant pour la déterminer à porter une main criminelle, nous dirions presque une main parricide, sur un prince son bienfaiteur : il en aurait fallu un bien puissant pour courir les chances de porter sa tête sur l'échafaud et s'exposer à la douleur si poignante de remords éternels. »

M. l'avocat du roi n'aurait-il jamais vu personne courir de telles chances même pour moins de dix millions? Or, ici, madame de Feuchères s'était ménagé une si haute protection, qu'elle comptait sur l'impunité. Et elle l'eut. Mais le mot *parricide* est vraiment bien choisi.

Nous n'avons rien à dire du hors-d'œuvre mélodramatique suivant : Ces réflexions ne sont-elles pas déterminantes quand il s'agit de les appliquer à une femme, à ce sexe dont la douceur et la générosité font le caractère distinctif.

On avait avec raison reproché au légataire universel, duc d'Aumale, de n'avoir pas vengé la mémoire du Prince de l'accusation de suicide, et d'être ainsi tombé volontairement dans le fait d'ingratitude, qui est une cause de nullité de testament.

L'avocat du roi réplique en prenant les princes de Rohan à partie : « MM. de Rohan, vengeurs de la mémoire du Prince ! Serait-ce quand ils vous le présentent faisant épouser à un honnête homme une concubine, sur l'origine de laquelle il l'aurait trompé ? Serait-ce quand ils vous le montrent comblant ce mari des marques d'une fausse et perfide amitié, ou bien vivant dans un état flagrant d'adultère, et dans l'esclavage le plus honteux et le plus dégradé. — Tout cela ne prouve rien. Car il est établi que M^me de Feuchères était l'objet des plus tendres affections du testateur. Et chacun comprend ce que cela veut dire.

M. le baron de Feuchères avait épousé miss Sophie Dawes, parce qu'elle lui était présentée par le duc de Bourbon comme sa fille naturelle. Mais il n'en est pas moins constant qu'elle était la maîtresse du Prince.

L'avocat du Roi ne craignit pas de lancer sur les princes de Rohan l'incrimination de : *Virtus post nummos*, c'est-à-dire la vertu après les écus. Chacun la renvoya à son adresse. En effet, on voyait que la maxime des d'Orléans était : Enrichissons-nous et jouissons, et que ce serait là leur instrument de règne.

Faisant allusion à la retraite du juge d'instruction, M. de la Huproie, l'avocat du roi déclara qu'il était impossible qu'elle eût eu aucun motif intéressé, car ce serait infâme. Mais le public persista à ne pas comprendre quel motif si impérieux avait pu forcer un juge à prendre sa retraite avant qu'une instruction commencée par lui fût terminée.

On avait beaucoup parlé de l'abbé Briant. Un imprimé avait circulé portant : « Tribunal secret. A l'abbé Briant, prêtre hypocrite, lâche assassin du dernier des Condés, l'heure de la vengeance arrive. Au nom du Père, du fils, et du Saint-Esprit. *Amen.* » — Mais l'avocat du Roi n'admettait pas qu'on pût soupçonner un prêtre de soixante-cinq ans et qui avait des cheveux blancs.

Abondant dans le thème de M^e Dupin (Philippe), avocat du duc d'Aumale, qui faisait appel aux souvenirs de Juillet, comme pour établir que cette révolution était si belle qu'il était impossible qu'on empêchât Louis-Philippe de recevoir la princière succession de Condé, et qui ne voyait qu'une intrigue légitimiste dans la moindre hésitation à ne pas admettre sans preuve le suicide du Prince, M. l'avocat du Roi fit intervenir aussi « le nom magique des héros des barricades, de ces hommes généreux qui ont bravé la mort pour renverser la duplicité, le bigotisme et le parjure assis sur un trône fondé par des baïonnettes étrangères. » — Argument irrésistible, il faut en convenir, quand il s'agissait de recueillir l'héritage du chef des émigrés !

En vérité, les grands coupables croient-ils aussi aisé d'assourdir la conscience publique que leur propre conscience ?

Le jugement fut rendu le 22 février 1832, à l'audience du tribunal de première instance de la Seine; président, M. Debelleyme. Il y eut plusieurs considérants vraiment curieux :

« Considérant que le choix de l'héritier semblait devoir être déterminé par de hautes convenances politiques; que l'institution de l'un des Princes de la maison d'Orléans était le seul moyen de conserver l'héritage du duc de Bourbon dans la famille royale, puisque tous les Princes de la branche aînée étaient alors appelés à succéder à la couronne, vocation incompatible avec la conservation d'un patrimoine particulier. »

Mais, depuis 1830, tout était changé à cet égard. D'où la crainte légitime que le testament fût révoqué et que l'héritage fût porté dans la branche aînée, malheureuse et proscrite.

« A l'égard des dispositions faites au profit de la baronne de Feuchères ;

« Attendu que ces dispositions ne contiennent que des legs particuliers, que leur annulation profiterait seulement au légataire universel ; que les Princes de Rohan sont sans intérêt à attaquer ces dispositions, et que, par conséquent, ils sont sans droit pour le faire. »

Or, cela établit précisément l'intérêt qu'avait eu la baronne à ce qu'il fût institué un légataire universel qui lui fût complaisant et protecteur.

« Attendu, au surplus, que les motifs de ces libéralités se trouvent expliqués par la correspondance du Prince avec la baronne de Feuchères ; qu'un premier testament fait en sa faveur le 1er avril 1824, établissait, de la part de ce Prince, la volonté constante de la gratifier.

Mais en quoi la captation de 1824 légitimerait-elle celle de 1829 ? D'ailleurs, par le deuxième testament, le legs de la baronne avait reçu un accroissement considérable.

« En ce qui touche la nullité du testament, fondée sur la captation, la suggestion et la violence ;

« Attendu en droit que si l'on ne doit point induire du silence du Code civil sur l'action en nullité du testament pour cause de captation et de suggestion, que cette action soit entièrement supprimée, on ne doit la considérer commé étant encore admissible que dans les cas où la captation et la suggestion ont été accompagnées de dol et de violence ;

« Qu'en effet, pourvu que l'on n'ait point recours à ces moyens réprouvés par la législation de tous les temps, il n'est point défendu d'inspirer l'idée d'un testament, de désigner un légataire au choix du testateur, ni même d'employer l'influence que l'on sait avoir sur son esprit pour amener sa détermination. »

Avec un tel raisonnement, il n'y aurait jamais possibilité de procès en captation.

Les princes de Rohan furent déboutés, et les duc d'Aumale et baronne de Feuchères furent maintenus en possession de leurs legs et héritage. Mais, comme on l'a fort bien remarqué, les princes de Rohan gagnèrent leur procès devant l'opinion publique.

Voici une particularité curieuse. Un article du testament du Prince porte : « Mon intention est que mon château d'Écouen soit affecté à un établissement de bienfaisance en faveur des enfants, petits-enfants ou descendants des anciens officiers ou soldats de l'ancienne armée de Condée et de la Vendée. Je donne alors ce château et le bois qui en dépend à ladite baronne de Feuchères, en la chargeant de fonder l'établissement dont il s'agit... J'affecte au service des dépenses de cet établissement une somme 100,000 francs, qui sera payée annuellement et à perpétuité par mon petit-neveu le duc d'Aumale ou par ses représentants. »

N'est-ce pas une singulière ironie du sort de voir les enfants du Roi-Citoyen de Juillet chargés de perpétuer le souvenir de la guerre civile et de l'invasion, surtout si l'on ajoute que Louis-Philippe ne tarda pas à combattre une nouvelle Vendée.

Mais aussi, tout en acceptant l'héritage au nom de son fils,

Louis-Philipppe ne crut pas que, sans doute, sa conscience lui défendait d'accueillir une telle clause ; il la fit casser comme *entachée d'immoralité*, et fit rentrer, au nom de la morale, la rente de 100,000 francs dans la masse de l'héritage.

Autre rapprochement bizarre. On lit dans les *Mémoires de la Reine Hortense* : « En 1814, la loi d'exil n'existait pas contre notre famille. Le désir de rester auprès de ma mère, de conserver à mes enfants une patrie, un reste de fortune, me fit consentir à la convention particulière faite en ma faveur, et que l'Empereur de Russie exigea de Louis XVIII, doutant déjà de l'exécution du traité du 11 avril, qui assurait la fortune et la position de toute la famille de l'Empereur. — Par la convention faite avec moi, on formait un duché de tous les biens qui environnaient la campagne de Saint-Leu, biens dont j'avais la jouissance depuis la réunion de la Hollande, puisque l'Empereur en avait formé un apanage en faveur de mon second fils Louis-Napoléon. — Ce fut donc pour conserver une partie de ce qui m'appartenait déjà que j'acceptai qu'on l'érigeât en duché. Je me fis appeler duchesse de Saint-Leu, et je me trouvai heureuse de rester dans ma patrie, au milieu de mes amis, et dans cette position qui pouvait dissiper toutes les craintes qu'eût inspirées autrement le nom de reine que j'eusse conservé... Mais, au lieu de remplir les engagements contractés envers moi, on me reprit toute ma fortune. »

Nous avons le respect de la justice. Mais l'histoire aussi a ses droits ; les grands procès sont toujours soumis, en dernier ressort, au jugement de l'histoire. C'est là le suprême tribunal auquel on en appelle de toute iniquité et jamais en vain. Or l'histoire ne saurait confirmer le jugement rendu en faveur du duc d'Aumale et de la baronne de Feuchères.

Déjà M. Louis Blanc, dans les volumes qu'il consacra aux dix premières années du règne de Louis-Philippe, avait fait un récit vraiment judicieux. Il y avait à ce moment quelque hardiesse à le faire. Et il le fit avec une visible honnêteté de cœur et une grande dextérité de plume. Aucune des recherches minutieuses auxquelles nous nous sommes livrés n'a infirmé une seule de ses assertions. Tout ce que nous avons lu les corrobore.

Dans le récit détaillé qui précède, le public trouvera, nous l'espérons, de quoi asseoir un jugement droit et vrai.

Il y aurait aujourd'hui une incontestable utilité à réimprimer quelques-unes des brochures qui parurent avec plus ou moins de liberté en 1831 et 1832 sur ce sujet : il y en a de fort intéressantes. Pour l'histoire il importe qu'elles ne soient pas supprimées. Et la nation a besoin d'être édifiée entièrement sur ceux qui prétendent de nouveau à la mission de la diriger.

Ces années dernières, il fut bruit d'une histoire secrète des d'Orléans, tirée des papiers de madame de Feuchères. Le séquestre en fut subitement requis chez le libraire avant toute vente et au nom du propriétaire, agissant ainsi dans l'intérêt des d'Orléans. Le moment est bien propice pour que d'autorité ce séquestre soit levé. Ceux qui aiment tant écrire sur l'*Histoire de France* devraient bien nous éclairer sur un point qu'ils connaissent si complétement. Il y a dans ce volume d'étranges lettres du roi Louis-Philippe.

On disait que Louis-Philippe ne pouvait renoncer à une succession échue à son fils mineur. Mais ce fils, quand il est devenu majeur, pourquoi ne l'a-t-il point répudiée? N'est-il pas encore temps? Cet appel sera-t-il entendu de M. le duc d'Aumale? Ce serait le seul bon plaidoyer en sa faveur.

N'est-il pas bizarre qu'un règne ait fini par les mariages espagnols qui étaient aussi une question d'argent, après avoir commencé par cette autre affaire d'argent : la succession de Condé. L'argent fut l'$\alpha$ et l'$\omega$ de cette monarchie.

Un jour, Napoléon en voyant l'outrecuidante hostilité de la duchesse de Chevreuse, s'écria : Il me prend parfois fantaisie de faire recommencer le procès de la maréchale d'Ancre (origine de cette fortune dont on faisait tant de fracas).

Il y a moins longtemps que le duc de Bourbon est mort. Il n'y a même pas lieu sérieusement d'invoquer la prescription, car il s'agit ici d'un fait extraordinaire. Si c'est une règle de droit qu'on ne prescrit point contre le domaine du Prince, les princes non plus ne peuvent prescrire contre la justice nationale. Toujours on a vu des actes extra-légaux injustes, modifiés un jour ou l'autre par un acte extra-légal subséquent. Or, rien ne serait plus équitable que la révision du procès contre le duc d'Aumale et la baronne de Feuchères.

La baronne de Feuchères est morte. Elle avait été longtemps harcelée par un aiguillon plus puissant que le remords. Un de nos meilleurs historiens a raconté que son complice (qui n'était autre, paraît-il, qu'un enfant naturel du Prince et de la baronne), après l'avoir aidée à étouffer et à pendre le Prince, déjà presque mort d'épuisement, s'était sauvé en Angleterre, d'où il tirait sur la baronne des lettres de change énormes. De là fâcherie ; puis raccommodement. La baronne lui donne rendez-vous à Calais, y va avec son confesseur. On dîne. Le lendemain on assistait à l'enterrement de cet étranger. Il avait été, dit-on, empoisonné. Mais cela ne fit point d'éclat.

L'histoire recueillera tous les bruits, pèsera tous les témoignages. Les procès étouffés dans un moment de puissance se rouvrent devant la postérité.

Ne serait-il pas prudent au duc d'Aumale de prendre les devants dans cette grande réparation? Nous n'osons l'espérer. Mais nous ne doutons pas qu'elle n'ait lieu ; et qu'une fois encore se confirme la vérité du proverbe ; Bien mal acquis ne profite.

1er mai 1861.